RÉVOLUTION DE 1848

ÉTUDES POLITIQUES

PARIS

GARNIER, LIBRAIRE

AU PALAIS-NATIONAL

1848

LA RÉVOLUTION DE 1848.

(Etudes politiques.)

Il est des événements plus considérables par la place qu'ils occupent dans l'histoire que par le caractère imposant et grave qu'ils prennent au début. Appelés à renouveler la face des choses, ils procèdent avec une simplicité, une innocuité, si l'on peut ainsi parler, qui surprennent lorsqu'on vient à examiner leur influence sur l'avenir. — La Réforme, ce fait immense d'où date l'émancipation de l'esprit humain, est peu de chose au départ. Vanité de moine faisant explosion, amour-propre d'auteur froissé, voilà Luther; nous pouvons dire tout Luther, si nous isolons un moment cette grande figure de son siècle. A la voix de cet homme, l'autorité chancelle, et le règne du libre examen commence. — Ainsi, l'on vit sortir d'une simple querelle de couvent ce qui devait faire la force de la civilisation dans les temps modernes [1].

Pour quiconque sait mesurer la portée des événements, la

---

1. La Réforme était au fond de toutes les attaques que le génie italien dirigeait dès le xve siècle contre la cour de Rome. Savonarole, Machiavel avaient ouvert la route au docteur Martin. Mais il manquait un homme, une de ces vigoureuses natures qui prennent l'idée et lui donnent un corps, un accent retentissant. Luther fut cet homme. La Réforme s'agitait, s'usait dans le vide : l'orgueil du moine l'aperçoit, l'amène résolument à la surface et soulève le monde avec ce levier.

Révolution de 1848 qui a, comme ses devancières, tant au dedans qu'au dehors, sa raison d'être dans le mouvement réformateur du xvie siècle ; cette Révolution, si brusque, si frêle au début, est surtout importante par l'enchaînement des faits qui l'ont amenée. Aussi, est-ce par le passé qu'il faut chercher à éclairer cette partie de l'histoire contemporaine pour en apprécier le caractère ; c'est ainsi, seulement, qu'on peut avoir une juste idée de ce fait politique, destiné à exercer une remarquable influence sur l'état actuel des peuples.

§ Ier.

Si l'on remonte durant soixante ans le cours de notre histoire, les péripéties, les changements politiques abondent ; mais on ne trouve à travers tant de luttes, de tiraillements, tant d'épreuves en sens contraire, qu'un fait considérable : la Révolution de 89. Ce fait constitue un événement hors ligne, marqué du sceau des grandes altérations sociales. De là date, en effet, dans cette France que la passion des grandes choses travaille incessamment, la mise en relief de l'idée démocratique, son avénement. — Royauté de la Constituante, République, Empire, Royauté de droit divin, tempérée par des institutions libérales, Royauté élue, tout ce qui occupe la scène, suspend ou précipite le cours des idées, ajoute à leur intensité ou paralyse leur essor, mais rien ne peut abattre le sentiment populaire qui s'est ainsi une fois fait jour.

La première Révolution eut cet avantage, qu'elle fut beaucoup moins un renversement violent de l'ancien état de choses que la consécration d'opinions dès longtemps mûries. Là, fut le secret de sa force. Le progrès s'était insensiblement opéré dans les esprits, dans les allures générales de la nation avant de passer dans les faits qui touchent à l'ordre politique. Cela est facile à expliquer. La république des lettres, en jetant sur les xviie et xviiie siècles un vif éclat, devait finir par enfanter le

plus souverain mépris pour ces désordres, ce gaspillage des fi=
nances que perpétuait chez nous une aristocratie aux mœurs
vides et vaines, sans instruction comme sans grandeur.

Il arrive un moment où le bon sens public se révolte contre
l'autorité qui n'a pour elle que l'éclat du rang, le prestige du
commandement. Alors, la valeur personnelle reprend ses droits,
et le prestige du pouvoir s'efface. — Riche de sève et de puissance, le Tiers-État, qui par ses plus beaux génies, Buffon, Vol-
taire, Montesquieu, J.-J. Rousseau, était entré en communica-
tion intime avec les rois, le Tiers-État devait inévitablement
recueillir un héritage politique placé dans des mains débiles.

Aussi, ce fut comme un élan irrésistible emportant vers les régions de la liberté tout un peuple, toute une époque. Les tenants
de l'aristocratie participent eux-mêmes de cet entraînement, et
l'on ne sait ce que l'on doit le plus admirer de l'ardeur avec
laquelle marche l'esprit novateur, ou de la chaleureuse abnégation qui portait un Montmorency, un Lafayette à sacrifier publi-
quement ce qui jusque-là avait fait leur force, leur orgueil.

C'est que les temps étaient mûrs pour cette grande rénovation.
L'hésitation n'était plus possible : il fallait rompre sans retour
avec les traditions d'un passé tombant pièce à pièce.

Mais ce mouvement remarquable était, il faut bien le dire,
circonscrit au peuple qui s'y abandonnait avec tant d'enthou-
siasme. Si tout était prêt en France pour cette transformation,
l'Europe se présentait dans des conditions tout autres. Cette dif-
férence dans les situations devait nous être fatale.

La dynastie que des liens de famille rattachaient à la politique
du dehors, sera par cela-même inévitablement un centre de ré-
sistance et d'intrigue [1]. Là, viendront s'appuyer les aristocraties

---

1. L'on ne saurait se figurer l'influence que les femmes ont exercée de
tout temps sur le gouvernement de la France. Sans remonter à la reine
Blanche de Castille, aux règnes d'Agnès Sorel et de Catherine de Médicis, la
plupart de nos rois ont vu absorber le pouvoir politique par des esprits
habiles à exploiter le crédit d'une Maintenon, d'une Pompadour ou d'une
femme de sang royal.

du Continent que menace et qu'ébranle cette transformation. Éteindre l'incendie en cherchant à le concentrer, tel est l'espoir de quelques hommes qui ne craignent pas de rêver, de poursuivre le démembrement de la France. — Le moment est venu pour un peuple qui ne prit part en Europe à aucun partage inique, de combattre enfin pour ce qu'il a de plus cher : SA NATIONALITÉ.

La France a vu le péril, elle en mesure l'étendue et saura le conjurer. — Grandeur oblige. Le peuple qui porte avec quelque éclat le sceptre de l'intelligence ne se laissera point ravir jusqu'à son nom. — En quelques jours la nation est debout, pour repousser le redoutable assaut de la barbarie. On se porte courageusement à la rencontre de l'ennemi, et ses cohortes nombreuses ont bientôt repassé la frontière. Attaché à la poursuite de l'étranger, le génie des batailles ne songe qu'à venger une cruelle insulte. — Nobles égarements de la colère d'un peuple outragé, pourquoi faut-il que de cruels retours vous fassent plus tard expier ces brillants succès?...

Ce que devint la liberté dans ce duel immense engagé contre toute l'Europe, on le devine. — Un peuple à ce point menacé dans son indépendance, perd bientôt de vue tous les autres biens pour défendre ce bien suprême. La lutte en se prolongeant devient plus intense ; la main de la nécessité s'appesantit sur la nation en armes ; et les combattants s'inspirant de la grande loi du salut public ne gardent aucune mesure. — La France fut sauvée, mais au prix de sa Révolution dévoyée pour longtemps ! — Il faut à l'établissement de la liberté des jours tranquilles, exempts surtout d'anxiété !

Tout entière à la défense du sol, la Révolution avait cependant poussé de généreux accents : droit à l'*Assistance*, droit au *Travail*, droit à l'*Instruction*, tels sont les germes que l'avenir devra féconder[1].

1. L'article 21 de la Constitution de 1793 s'exprime comme suit :
« Les secours publics sont une *dette sacrée*. La société *doit* la subsis-

Le despotisme de la guerre impose silence à la liberté. La gloire, l'éclat des conquêtes, l'admirable intelligence qui préside à l'édification de nos codes, et au développement d'une centralisation administrative jusque-là inconnue, laissent toute latitude au génie organisateur d'un homme puissant. Reléguée sur le dernier plan, l'idée démocratique sommeille : — il semble qu'elle soit frappée d'immobilité. . . . .

Vingt ans se passent ainsi dans le tumulte des camps, l'agitation fébrile de la lutte, le fracas des prises d'armes. La nation est à bout d'hommes, de sacrifices en tous genres dans cet immense roulis de la guerre qui semble ne pas devoir cesser. Puis un jour, elle est prise d'un immense découragement et laisse s'appesantir sur elle la main des destins contraires. La voilà gisante, sans force et sans voix, pour conjurer un affreux désastre ; le pied de l'étranger foule insolemment pour la seconde fois ce sol généreux ! — La misère, l'affaissement, joints à l'égoïsme de quelques hommes dont le laurier impérial fit la fortune, tout conspire pour livrer la France à ses éternels ennemis !...

Et cependant la patrie de Hoche, de Marceau, de Carnot ; cette terre doublement illustrée par le génie, dans la guerre comme dans la paix, doit échapper à la dure étreinte du malheur. — Rendue à plus de calme, la France reprendra bientôt l'œuvre de sa régénération interrompue.

Les princes de la Restauration ne comprirent pas que leur retour était dû à un sentiment général de démoralisation, de lassitude. — Placés trop loin du peuple, par leur naissance et les

lance aux citoyens malheureux, soit *en leur procurant du travail*, soit en assurant *les moyens d'exister* à ceux qui sont hors d'état de travailler. »

Quinze ans auparavant, Turgot avait dit :

« Dieu en donnant à l'homme des besoins, et lui rendant nécessaire la ressource du travail, a fait *du droit de travailler* LA PROPRIÉTÉ *de tout homme*, et cette PROPRIÉTÉ est la plus *sacrée*, la plus *imprescriptible* de toutes. »

Ce n'est pas d'aujourd'hui, on le voit, que le droit au Travail tend à se formuler, à se faire reconnaître. —

habitudes de toute leur vie ; devenus en quelque sorte étrangers pendant l'exil au nouvel esprit de la France, les Bourbons sont précipités du trône, parce qu'il n'existe entre la nation et ses chefs aucun lien de sympathie, aucune noble entente.

La Révolution de Juillet fut le retour du pays à ses merveilleux instincts démocratiques. Si l'institution royale avait perdu de son prestige, elle n'en était pas moins considérée à cette heure, par certains esprits, comme pouvant encore fonctionner avec quelque avantage. — Le chef de la famille d'Orléans est l'homme de la situation ; tous les yeux sont fixés sur lui. Avec cet élu du peuple, la France possédera *la meilleure des Républiques*.

Ces paroles, qui appartiennent désormais à l'histoire, caractérisent merveilleusement l'époque de Juillet. — Elles sont la plus haute condamnation de ceux qui, aujourd'hui encore, ne reculant devant aucune expérience, et comptant pour rien les leçons du passé, songeaient sérieusement en février à relever l'oripeau royal pour faire passer le pays par tous les embarras, toutes les intrigues, toutes les indignes faiblesses d'un régime appelant de nouveau la Fronde et le Mazarin !...

Prompt à réduire les questions aux étroites proportions de l'individualisme, Louis-Philippe, à peine élevé sur le pavois, ne songe bientôt qu'à se fortifier contre l'action du principe populaire auquel il doit son élévation. L'établissement politique de 1830 n'est pour lui qu'une propriété de famille. Il n'ira pas aventureusement livrer bataille à l'opinion, pour succomber comme Charles X ; outre que les instincts guerriers s'allièrent difficilement avec ce caractère soupçonneux né pour l'intrigue, le roi des Français a pu voir qu'on n'emporte pas chez nous de haute lutte les positions politiques. C'est à la ruse, c'est à l'art des siéges, de fortifier ce règne, de manière à fonder la toute-puissance des d'Orléans sur des bases quelque peu stables. Le prestige des paroles, les promesses retentissantes, la vénalité des consciences hautement affichée, tel est l'esprit d'un *Système* qui compte triompher par la corruption de cet honneur français qui forme chez nous la plus ferme assise de l'esprit démocratique !...

L'intérêt, — tel est le mobile de toutes les actions, s'écrie, aidé de quelques froids sophistes, cet autre Philippe, formé à l'école du *Prince*. Armé de toutes les ressources d'un vaste budget et de l'influence que donne au chef de l'État le choix des fonctionnaires, il s'adresse ouvertement à toute l'ardeur famélique de l'individualisme. — Ce sera l'éternelle honte de cet homme, appelé au tribunal de l'histoire, d'avoir, pour assurer son règne, ardemment spéculé sur les misérables entraînements de l'humanité. Ainsi était favorisée outre mesure cette funeste pente à laquelle l'homme n'est que trop disposé à obéir !... Élevé sur un trône, acclamé en quelque sorte par un des premiers peuples du monde, Louis-Philippe pouvait faire revivre à deux siècles de distance la générosité d'Henri IV, de ce bon et grand Henri qui permettait qu'on nourrît le peuple de Paris au risque de perdre une couronne, et le voilà qui descend à l'indigne rôle d'un Walpole couronné !...

Une nation mieux disposée aux lâches capitulations de conscience eût péri dans cette triste épreuve. La France fut plus grande que l'audace de ce calcul. — Le mépris a fini par glacer tous les courages ; il met hors de service les dévouements de quelque valeur, et cette dynastie, livrée un jour sans défense aux attaques de quelques enfants du peuple, quitte le sol français dans tout le dénûment de ces puissances déchues auxquelles le prestige des grandes infortunes est même refusé !...

Voilà où l'on arrive lorsqu'on met les consciences à l'encan, et que l'on trafique de l'honneur d'un peuple !...

La Révolution du mépris, annoncée dans les derniers jours de ce déplorable règne, s'était accomplie : — Elle a été complète.

La chute de Louis-Philippe s'explique beaucoup moins, en effet, par la vigueur de l'attaque, le nombre des assaillants, que par la profonde indifférence des défenseurs naturels de la dynastie. — L'élu de la nation est précipité du trône, parce que nul ne se lève pour le défendre et le soutenir : — Il tombe.

Appuyé sur la corruption, Louis-Philippe devait porter la peine de cet affreux calcul. La corruption, c'est le glaive des Écritures : quiconque y touche doit périr. — On ne remue pas, on n'agite pas impunément, aujourd'hui surtout, les passions égoïstes pour en tirer quelque secours. Qui donc est assez riche pour solder ces milices qui se recrutent incessamment dans l'abjection, et dont les appétits, l'éternelle audace ne sont jamais satisfaits ? Qui ne sait qu'au premier ébranlement, toutes ces lâchetés courent avec un remarquable empressement vers les nouveaux hôtes de la fortune et du pouvoir, sollicitant de nouvelles largesses. — Il n'est pour les gouvernants qu'un bien fécond en grandes choses, en autorité : c'est celui qui profite au Peuple, au pays lui-même.

§ II.

Entre la Révolution de 1789 et celle de 1848, il n'y a pas de place pour les événements de 1830.

Cependant à dater de cette dernière époque, il se fait un mouvement considérable. L'esprit public a repris ses larges allures de 89 : l'industrie, d'autre part, acquiert du développement ; par elle, le nombre des travailleurs augmente en raison de la division du sol poussée parfois à l'extrême. Ne faut-il pas que le travail vienne en aide au petit capital qui ne saurait sans cela subsister ? Excité, sollicité par le spectacle de la corruption universelle, et par l'entraînement de ces appétits insatiables qui se ruent sur le pouvoir comme sur une proie ; incessamment assourdi par le bruit de ces scandales judiciaires où tout, dans les hautes régions, semble aboutir aux plus déplorables calculs, à des rapines effrontées, le peuple insensiblement est amené à formuler ses prétentions avec plus de netteté. Au nom de l'égalité, il songe enfin à entrer sérieusement en partage d'influence avec cette Classe Moyenne à laquelle appartient exclusivement, depuis cinquante ans, le gouvernement de la société. Les travailleurs se sont comptés : — *Vivre en travaillant, ou mourir en combattant,* telle sera désormais leur formule, leur cri de ralliement, leur évangile politique.

C'est ainsi que le peuple s'apprête à tirer pour lui-même les conséquences de ce grand fait de 89, véritable point de départ de la démocratie en France.

Mais une réflexion se présente ; elle arrête et doit sérieusement préoccuper celui qui observe avec l'impartialité de l'historien.

Lorsque la première Révolution brisa le joug de l'aristocratie, la vie intellectuelle, les lumières, la véritable force résidaient, on le sait, dans le Tiers-État. Riche de tous ces avantages, c'était à lui qu'appartenait l'avenir. — Aujourd'hui, dans ces États-Généraux, dans ces grandes assises du Travail et de l'Industrie, où sont ces lumières, cette puissance, fruit de l'étude, qui seules résolvent les questions et peuvent changer la face des sociétés ? Certes, la cause qui arme toutes ces consciences, j'ai presque dit ces misères, est juste ; mais comment se défendre d'un certain effroi lorsqu'on sonde cet abîme au fond duquel la civilisation peut périr faute d'un modérateur intelligent et fort ? Qui ne sait que plus le sentiment de l'extrême souffrance est vif, légitime dans son principe, plus il a besoin d'être tempéré par tout ce que l'esprit possède de suprêmes clartés ?...

Là est la difficulté, ou plutôt le danger de la situation, l'écueil contre lequel la société actuelle peut se briser !

L'égoïsme des gouvernants, qui n'est que celui de certaines classes favorisées outre mesure, est excessif, il ne cède pas sans combat, et ne craint même pas d'ensanglanter la lutte. Le sort de Tibérius Gracchus, celui du Christ lui-même l'ont de reste prouvé ; mais, d'autre part, les passions de l'antagonisme ont leur entraînement fatal. Or, ne l'oublions pas, tout ce qui procède d'un individualisme étroit ne produit rien de grand, rien de durable ; il faut à l'humanité de plus purs mobiles. C'est donc par en haut, et à mesure que la lumière pénètre au sein des diverses couches de la société, que le progrès

peut seulement se faire. Sans cela, point d'amélioration possible, point de perfectionnement.

Aux hommes de cœur et d'intelligence de travailler dès lors
à rendre la transition moins brusque; à ces missionnaires de la
pensée, de préparer les voies, d'éclairer la marche et de faire
avancer sûrement l'humanité.

Mais, pour que l'esprit puisse agir sur ceux qui résistent, pour
qu'il puisse ainsi décupler les forces, il faut lui laisser toute la
noblesse de son langage, toute la sérénité de son maintien. —
L'esprit suit le cœur, a dit Domat, il agit comme le cœur aime.
Parole admirable! trop méconnue en ces temps de lutte et d'ir-
ritation fatale. Lorsque le Christ voulut affranchir l'homme,
on ne le vit point faire appel à la violence contre les puissants
de la terre; il ne les insulte pas. *Rendez à César, ce qui est à
César*, dit-il au contraire, répète-t-il partout. Puis, s'adressant
aux heureux du siècle, parlant à leur conscience bien plus qu'au
cœur ulcéré de l'esclave, il ajoute : *Nous sommes tous frères,
aimez-vous les uns les autres.* — Ainsi tombent insensiblement
les plus lourdes chaînes; et cette noble tâche se poursuit sans
interruption, tant est belle, sublime, puissamment attractive la
parole de vie qui s'échappe, il y a dix-huit cents ans, des lèvres
de l'homme-Dieu!...

Les grandes doctrines se reconnaissent à ces traits; et tel est,
qu'on ne s'y trompe pas, le point de départ de la civilisation moderne.

Le travailleur, l'homme rivé tristement à la peine, tous ces
artisans de la fortune publique dont la misère s'accroît avec le
nombre, perdraient à suivre une autre route. Des esprits absolus et
que le spectacle de l'iniquité émeut profondément ont pu se laisser
entraîner à l'exagération du langage; mais, dans un temps de
mouvement intellectuel considérable, alors que le droit de discussion voit reculer de plus en plus ses limites, c'est errer profondément, que de s'adresser plutôt aux passions de la foule, aux
appétits de l'individualisme qu'à l'intelligence. Il n'est pas per-
mis de mettre ainsi en doute, dans une société qui peut tout

entendre, la puissance de la vérité. Cette philosophie matéria-
liste n'est d'ailleurs, ni de notre temps, ni dans l'esprit de la
nation. — Il faut laisser cela au génie aventureux qui date de
l'hégire une puissance assise sur la satisfaction des sens et le
fatalisme.

Pourquoi, du reste, cette guerre à outrance qui semble vouloir
saper la société jusqu'en ses fondements ?... pourquoi cette croi-
sade contre la Famille qui ne peut périr, la Propriété qui s'affirme
en se transformant ? Est-ce que le progrès sera plus facile, le
triomphe de la justice plus assuré, lorsqu'on aura confié à ce
terrain mouvant les semences que la civilisation moderne peut
faire germer ?

Qu'eût-on fait, en juin dernier, de la victoire remportée par
tous les entraînements de cette moderne *Jacquerie?*... Qui ne
voit poindre, au bout de ce triomphe, la nécessité de gouverner
fortement à l'aide d'un despotisme inintelligent et brutal ?...
L'on ne va pas loin en révolution avec les inspirations étroites
de la convoitise et de la haine. — Ne nous faisons pas illusion :
le triomphe de ces cohortes de la faim eût fait reculer pour longtemps la cause du progrès au xixᵉ siècle.

La France, cette infatigable messagère, qui porte au loin l'action de sa pensée ; la France en se couvrant de ruines et de
deuil eût fait connaître par là ce qu'il faut attendre de l'immense
travail intellectuel dont elle a l'initiative. Il en est de certains
peuples comme des plus beaux génies : le monde attend tout
d'eux. — Ce qu'Athènes fut à la Grèce, ce que Rome fut à l'uni-
vers, la patrie de Pascal, de Molière, de Montesquieu l'est au
monde entier. C'est ainsi que depuis longtemps la France remplit
incessamment une mission providentielle autrement entourée
de grandeur que celle qui procède par l'éclat des armes. — La
conquête intellectuelle semble avoir survécu chez nous à toutes
les autres !

L'Anglais se perfectionne, il progresse, mais il avance seul
n'exerçant en réalité qu'une action médiocre sur les autres peuples. — Borné à sa position insulaire, on dirait qu'il ne voit rien

au delà ; il tourne incessamment sur lui-même, précisément par ce qu'il rapporte tout à lui.

L'Allemand, disposé à la méditation plus qu'à la vie active, s'absorbe par cela même beaucoup trop dans la spéculation scientifique. Le monde des choses visibles semble ne pas l'occuper.

Toujours agissante, toujours en marche, touchant à tous les ordres d'idées, exerçant envers le génie, d'où qu'il vienne, l'hospitalité des grands cœurs, la France est le seul peuple qui vive de la vie universelle, et qui serve incessamment, par cela même, la loi du progrès social. — Prompte à concevoir, elle s'approprie, elle s'assimile tous les trésors de l'intelligence et rend au monde plus qu'elle n'a reçu de lui. La France, c'est le foyer universel, le milieu dans lequel tout s'élabore, tout s'épure, grandit et se généralise. — L'honneur national est engagé, à ce que ce flambeau n'aille pas se plonger et se perdre au sein d'épaisses ténèbres. Il y a pour les nations comme pour l'individu des obligations auxquelles nul ne peut faillir.

A l'esprit d'en haut, aux nobles instincts d'éclairer de plus en plus la marche, et de s'inspirer des besoins de l'humanité pour l'élever, la faire progresser sûrement par l'amour de la justice, l'abnégation sublime de la fraternité. — Ce n'est qu'ainsi qu'on étend les limites de la philosophie et qu'on travaille au bonheur des peuples.

Laissant donc à l'écart certaines exagérations de langage, exagérations auxquelles il n'y a de comparable que l'égoïsme des maîtres de la situation, ce qui importe c'est de ne point perdre de vue le caractère éminemment social dont la Révolution de février est empreinte. — L'insurrection de 1832, celle de Lyon en 1834, les troubles amenés par le recensement [1], la cherté des subsistances, cette grève éternelle de l'ouvrier à bout de voies, tout cela constitue de sérieux symptômes.

---

[1]. L'on ignore généralement dans quelle proportion l'impôt foncier frappe la petite propriété. Le morcellement des héritages tend de plus en plus à diviser le sol par petites portions, de manière à multiplier le

Une Révolution grossie de ces continuels orages et qui refuserait dédaigneusement d'augmenter, dans une large mesure, le bien-être de ceux qui vivent péniblement du fruit de leur travail; — et le nombre de ces soldats de l'industrie s'accroît d'heure en heure, il déborde et gagne insensiblement les hautes classes que le travail fait vivre; — une Révolution semblable, laissant en dehors de son cercle d'action les forces vives de la société, ne ferait qu'ajouter un grave péril aux difficultés que nous a léguées le passé.

Ce n'est pas que la République fût exposée à périr, si l'on s'engageait de nouveau dans cette triste impasse d'une politique sans grandeur. Non; le triomphe des principes, pour être contesté, retardé, n'en est pas moins certain. Le sort de la Révolution nouvelle n'est pas, Dieu merci, lié à l'attitude de quelques hommes qui croiraient pouvoir manier l'esprit du siècle comme on manœuvre une intrigue électorale.

La République en péril?... La Démocratie menacée?... Mais qui donc se présente pour recueillir ce lourd héritage?...

Que la médiocrité éperdue s'en aille demandant, quêtant le secours de tout ce qui a figure de prétendant; qu'on se montre de facile composition sur le choix et les titres, je le veux; mais

nombre des propriétaires malaisés. Voici comment se distribuaient en 1837 les 10,893, 528 cotes que comprend l'impôt foncier:

5,205,411	au-dessous de. .	5 fr.
1,751,994	»	10
1,514,251	de 10 à 20	
739,206	de 20 à 30	
684,155	de 30 à 50	
9,895,017		

ainsi les 10/11e de la propriété sont entre les mains du pauvre, de l'artisan, obligé d'appeler à son aide l'industrie pour vivre et se suffire. — L'immeuble grevé de 20, 30, 50 fr. d'impôt, représente approximativement une valeur de 4,000, 6,000, 10,000 fr., ou 500 fr. au plus en revenu; or, l'on ne vit pas soi et sa famille avec cette mince ressource. Et c'est pourtant à cette masse de nécessiteux que l'inintelligence de certains hommes n'a pas craint de demander 45 centimes en sus de la contribution ordinaire!...

où est l'homme doué de quelque sens qui oserait prendre la suite de ce laborieux enfantement?...

Qui donc ira se jeter dans ce pêle-mêle où le Pouvoir n'est fort que de l'effroi qu'inspire à chacun LE LENDEMAIN!...

Pauvreté des âmes et des consciences, à quels égarements n'êtes-vous pas conduite par ces temps de misère et d'anxiété?...

— Un homme?... bon Dieu! — Dites donc *des hommes,* beaucoup d'hommes s'ajoutant sans cesse les uns aux autres; tombant, s'usant, se relayant indéfiniment pour faire avancer la puissante machine que février mit en mouvement!...

Qu'on se reporte à nos dernières luttes, qu'on suive de l'œil cette immense bataille de juin, et qu'on dise si tout autre gouvernement eût tenu contre un tel assaut. — Douloureuse guerre, dans laquelle on combattit des deux côtés sous les couleurs et au cri de *vive la République* [1] !...

Aveugles!... Toujours et de plus en plus aveugles!...

Après le prétendant, quel qu'il soit, il faudrait marcher, avancer; et cette difficulté qui pèse sur nous, la démocratie seule peut l'aborder sans pâlir avec l'espoir de la résoudre.

« Bien coupé, mon fils; *maintenant il faut coudre,* » disait à Charles IX, après l'assassinat des Guise, la redoutable Catherine. Mot profond, parole admirable que l'on retrouve au bout de toutes les grandes situations. — Après un déchirement politique

---

1. On a fait grand bruit du mot *profond* d'un homme d'État, qui paraît avoir réservé pour le jour où il quitta le pouvoir sa science, son rare coup d'œil. Il n'y a qu'un gouvernement *anonyme,* aurait dit M. Guizot, qui pût résister à pareille épreuve. L'on ajoute: — la République pouvait seule agir envers la presse, la liberté individuelle, et généralement toutes les libertés comme l'a fait impunément le général Cavaignac.

Grande nouvelle, en vérité; merveilleuse découverte!...

Comme s'il n'a pas été dit et répété cent fois, dans ce pays où les gradués en droit public semblent condamnés à prouver qu'ils ignorent particulièrement ce qu'ils sont chargés d'enseigner; comme s'il n'a pas été dit à satiété qu'il n'y a véritablement de solide en France que le gouvernement *du pays par le pays,* pouvoir incessamment assis sur la puissance de l'opinion? La République? mais rien de plus facile pour elle que d'im-

pareil à celui dont nous sommes témoins, là, commence en effet la véritable difficulté.

Les hommes obligés de travailler, de fournir journellement, *pour vivre*, une tâche ingrate, insuffisante, hors de toute proportion avec les besoins de leur famille ; ces hommes demandent que l'on mette fin au règne de la force artificieusement fondé sur le *Capital* ; ils exigent impérieusement, et ils proclament en cela le droit le plus saint de l'humanité, que l'on fasse cesser enfin la dure, l'inique *exploitation de l'homme par l'homme*.

Tel est, en effet, le programme, ou plutôt le frontispice de la Révolution de 1848. — Ce mouvement, qui date de loin, et qui se continue sans interruption, a son principe dans le vicieux aménagement de la richesse universelle.

Ainsi, à la longue, le *Travail*, qui a fini par enrôler sous sa bannière le grand nombre, et les ouvriers de l'intelligence eux-mêmes, se trouve de nos jours sur le même plan que le droit de *Propriété*. Sans cesser d'être une réalité imposante, la Propriété, dépouillée de son prestige, a cessé de tirer du seul fait de son existence sa force, sa raison d'être. Plus que jamais ce droit existe, non point à titre de premier occupant invariablement sanctionné par la loi commune, mais à la condition que le *Travail* soit garanti [1].

poser silence, suivant la nécessité des temps, à une liberté qui ne serait parfois que la liberté d'entrer en pleine guerre civile. Là tout est apprécié, jugé *souverainement* au nom du Peuple, et le Peuple ne trouve rien à dire aux mesures qu'on prend, précisément parce que nul ne voit sur le premier plan, constamment en scène un intérêt de Race, de Famille agissant invariablement au point de vue individuel.

Les choses, en politique surtout, docteur profond, sont plus qu'on ne le croit ce qu'elles *paraissent* ; et le Peuple permet, il tolère sans peine ce que nulle autre loi que celle de l'impérieuse nécessité ne *paraît* avoir commandé.

1. Ces principes ne sont pas nouveaux, et l'on est surpris de les voir remettre aujourd'hui en discussion.

« Ce n'est pas sur un principe de justice, mais sur un principe d'utilité publique, disait Sismondi en 1819 dans ses travaux d'économie politique,

Il ne s'agit pas de déposséder, en tout ou en partie, le détenteur actuel du *Capital*, circonstance qui ne changerait rien à la situation. Non, et le droit de propriété, au contraire, a tout à gagner au mouvement actuel. Personne n'ignore, d'ailleurs, que la propriété ne rend point tout ce qu'elle peut rendre; elle doit donc gagner en consistance le jour où elle se combinera plus heureusement avec la loi de l'activité humaine. Fruit de la conquête, le droit de propriété tend ainsi à s'épurer, à se légitimer par une acception plus intelligente des droits de chacun. La propriété, le travail, concourant plus directement ensemble à la prospérité de tous et de chacun, sont appelés à se compléter loin de se combattre, et voilà comment, à la longue, le droit au travail aura consolidé un fait considérable, né du penchant à l'appropriation, penchant inhérent à l'homme, et sans lequel l'humanité n'existe pas, ne se peut concevoir.

La partie la mieux partagée de la société, du côté des lumières, de la fortune, répugne vainement à traiter les choses de ce point de vue équitable; c'est un tort, et ce tort est commun à ceux qui

que l'appropriation de la terre est fondée. Ce n'est pas un droit supérieur qu'ont eu les premiers occupants, mais c'est un droit qu'exerce la *Société de pourvoir à sa subsistance...* C'est pour son avantage à elle, c'est pour celui du pauvre comme du riche qu'elle a pris sous sa protection les propriétaires de terres; mais elle peut mettre des conditions à une concession qui vient d'elle, *et elle le doit dans l'esprit de cette concession même*; elle doit soumettre la propriété territoriale à une législation qui en fasse en effet *résulter le bien de tous*, puisque le bien de tous *a seul légitimé cette propriété...* »

Et ailleurs : « La société a accordé la propriété de la terre; mais en le faisant, elle doit garantir aussi l'avantage social qu'elle en a attendu. Elle *doit* veiller aux intérêts de ceux qui demandent à la terre *ou de la nourriture ou du travail...* »

« .... C'est aux grands propriétaires, aux grands fermiers *de maintenir seuls pendant l'interruption du travail,* comme pendant la durée, les journaliers dont ils ne peuvent se passer et dont la création est leur fait : les seigneurs l'entendaient ainsi pour leurs esclaves et leurs serfs. »

Ainsi, le droit au Travail est inséparablement lié au droit de propriété lui-même, dont il devient le corollaire.

ne voient rien en dehors d'eux-mêmes. Dans les hautes classes, comme dans le peuple qui vit particulièrement de son travail, il y a une masse ignorante et inerte, subissant généralement la pression d'en haut, et dont les docteurs de l'égoïsme se servent comme d'un levier. Tel est le *plebs* des régions supérieures de la société, force qui n'en est pas une à proprement parler. C'est avec cela qu'on lutte obstinément contre toute amélioration, contre toute mesure fondée sur la justice. — Qu'on y prenne garde ! la question sociale n'est pas seulement à l'ordre du jour ; elle pèse sur la situation tout entière, elle engage la sécurité publique, non moins que la prospérité de tous et de chacun. Ces soubresauts, ces convulsions perpétuelles appelées improprement révolutions, puisque le fond des choses reste à peu près le même, tout cela prouve que la situation générale n'a rien de normal. Que servirait de vouloir s'aveugler ? Ce n'est pas en détournant la tête qu'on calmera l'impatience, les angoisses de tout ce qui travaille et meurt à la peine. Il n'est aujourd'hui qu'un moyen de donner au droit de propriété de larges et solides bases, c'est de faire que le travailleur, dont le droit est parfaitement compatible avec le fait de l'appropriation individuelle, ait en tout temps un libre et sûr accès, et voie enfin son existence garantie.

Au *servage de la glèbe*, détruit dans le cours du dernier siècle, l'on espère vainement substituer le *servage de l'industrie;* il n'y a pas de place pour de tels faits dans une société que travaille et mûrit incessamment l'action de la pensée. En maintenant l'abus au-delà de ce qu'il peut raisonnablement durer, l'on justifie tous les excès en sens contraire. — L'avenir fait quelquefois chèrement payer ce genre d'anticipations que rien n'autorise et n'excuse.

Pour la première fois, qu'on le remarque, ceci, en effet, mérite attention, la forme politique met, chez nous, véritablement en présence les intérêts [1]. La scène est enfin dégagée de ce

---

1. Les troubles inséparables de notre première révolution, entièrement dominée par la question étrangère, ne permettent pas de regarder comme

trône, derrière lequel s'abritait, pour manœuvrer à l'aise, l'élément aristocratique. L'institution républicaine,—et cela explique l'aversion instinctive de certains esprits pour cette forme de gouvernement, — l'institution républicaine présente cet avantage que chacun agit là à visage découvert, avec son drapeau, sa devise ; tout est compris, deviné, apprécié.

Ce n'est plus Charles ou Philippe qui occupent, en effet, à eux seuls toute l'étendue de la scène pour y répandre cette majesté royale dans laquelle tout semble s'absorber ; le théâtre est dégarni, entièrement nu, et le baldaquin royal n'est plus là pour empêcher de voir ce qui se passe. L'œil le moins exercé peut désormais suivre tous les mouvements, reconnaître les acteurs, quel que soit le masque dont ils se parent, et porter sur ce qui frappe la vue un jugement de quelque valeur.

Aussi, à la haine, à la vive répugnance qu'éprouvent pour ce régime les suppôts du privilége, ont succédé d'odieux calculs. Il n'est pas d'effort qu'on ne fasse, pas de manœuvre qu'on n'emploie pour dégoûter le peuple du nouvel ordre de choses.

Cette petite guerre ne saurait aboutir : — c'est la ressource des causes perdues, des héros éclopés.

En vain, ceux que paraissait diviser la présence de l'automate royal, tentent de se reformer, de prendre, derrière la mâle figure de la République, un nouvel ordre de bataille ; son drapeau est sans doute assez ample pour abriter la nation tout entière ; mais c'est précisément pour cela qu'il faut renoncer à l'attirer à soi pour s'en couvrir exclusivement. Outre que

sérieux l'essai déjà fait du régime républicain. La fin du xviii⁰ siècle ne fut guère qu'un sanglant prologue que les nécessités d'une lutte européenne prolongeaient, avivaient sans cesse au grand dommage de la liberté. Il n'y avait alors en France véritablement que deux partis : celui du sol, celui de la France, et le parti qui, suivant une grande et noble expression, *avait emporté à la semelle de ses souliers* parents, amis, cité, la patrie tout entière !

Ce n'était point là une lutte politique et régulière, une lutte de classes se trouvant en présence, et disputant pied à pied le terrain.

cela serait peu juste, la vue de ces efforts continus, de ces mille tiraillements, aurait tout au plus pour résultat de mettre complétement à découvert ceux qui s'agitent de la sorte. — Connus de tous, aujourd'hui, puisqu'ils sont pleinement en vue, ces gens-là ont cessé d'être redoutables.

C'est donc un progrès important que celui accompli en Février ; c'est comme une nouvelle ère politique. Avec l'institution républicaine, qu'elle qu'ait pu être au début la fausseté d'une manœuvre improvisée, quelque incertains qu'aient été les premiers pas, on doit nécessairement arriver par le progrès des mœurs, le développement de l'instruction, de l'esprit public à obtenir pour chacun cette part d'influence et de prospérité que la société doit à tous ses membres. — Les progrès ont été fort lents jusqu'ici, le terrain disputé outre mesure ; cela tient surtout à ce que nul n'a encore agi et dû agir à visage découvert. Tant qu'il a existé, sous couleur d'établissement royal, une institution dont le chef ne fût, à proprement parler, que l'*éditeur responsable* d'une pensée aristocratique, la confusion était possible et la lutte sans résultat.

Et quel usage ces hommes si prompts à recommencer le combat, à reprendre le lendemain les conquêtes de la veille, quel usage firent-ils, pendant cinquante ans, de l'immense pouvoir resté dans leurs mains ; en quel état ont-ils mis nos finances, malgré les secours abusifs de l'emprunt, la charge toujours plus lourde de l'impôt ? Quelles satisfactions, quels allégissements a-t-on procurés aux défenseurs naturels du sol, aux producteurs les plus énergiques de la richesse publique ? Dans quels termes ces hommes, qui disposaient de tout, emplois, crédit foncier, instruction, règlements industriels et agricoles, comment se trouvaient-ils, eux, *le pouvoir de tous les temps*, vis-à-vis du Travail, de l'Agriculture, du faible Capital, livrés incessamment à la merci des circonstances ?...

Ces révolutions, ces changements presque périodiques, disent assez comment on a rempli jusqu'ici envers le pays les devoirs impérieux qui naissent d'un grand pouvoir.

La République aura cet honneur qu'elle aura fait immensément, par cela même qu'on lui laissa tout à faire :

L'*Industrie* à réglementer et à diriger ;

L'*Impôt* à répartir plus équitablement de manière à atteindre le *Superflu* sans toucher au *Nécessaire ;*

L'*Instruction*, l'enseignement pratique à généraliser ;

Le *Crédit* privé à constituer dans l'intérêt surtout du petit capital et de la production agricole ;

L'*Administration* à organiser et faire fonctionner en France en vue d'une centralisation bien comprise, et qui porte véritablement la vie du centre à la circonférence ;

L'*Organisation judiciaire* à décréter au point de vue de l'expédition économique et prompte des affaires, conformément aux intérêts du plus grand nombre... Telles sont les questions auxquelles la République doit toucher et qu'elle doit régler au point de vue démocratique.

Il y a dans l'organisation actuelle beaucoup de force perdue ; que de monde vivrait de ce qui reste inerte, improductif!... Le paupérisme, le marasme pesant sur des populations entières attestent l'ignorance des gouvernants, et ce qui est pire, une coupable indifférence.—Aussi, à la moindre secousse, le mouvement s'arrête dans ce frêle mécanisme ; l'effroi se propageant outre mesure, la misère s'étend, elle gagne de proche en proche, atteint les régions les plus élevées et fait peser sur tous indistinctement le vice d'une situation mal pondérée. — Où est à cette heure la fortune?... qu'est devenu le riche et sur quoi peut-il raisonnablement compter?... Or voilà invariablement ce qui arrive lorsqu'on déshérite de toute influence, de tout bien-être des masses entières de population. L'enfance des sociétés et la civilisation se touchent en un point ; elles sont toutes deux montées sur un même pivot : la solidarité, ou garantie mutuelle. C'est ce qu'avaient compris les anciens Germains, qui pesaient dans une même balance les intérêts, la vie de chacun. La vieille Europe continuera-t-elle donc de perdre de vue ces principes d'éternelle justice qui sont toute la vie des sociétés?...

Est-ce que l'activité humaine bien comprise n'offre pas d'ailleurs plus d'aliment pour la prospérité générale que la thèse de l'assistance se traduisant en de stériles aumônes? Avec une taxe qui s'accroît incessamment et qui déprime sa population, l'Angleterre s'épuise sans pouvoir étancher la soif de la malheureuse Irlande. L'homme n'est vraiment grand, doué de puissance que dans la liberté, la solidarité; l'aumône, c'est la dépendance, l'abrutissement. Sous un tel régime, il vient un jour où le nombre de ceux qui souffrent est si grand, la lumière si faible et si incertaine au sein de ces races appauvries, que la civilisation engage contre ces nouveaux réprouvés une de ces effroyables luttes où tout peut s'abîmer.

Si l'antiquité avait possédé le levier de l'imprimerie, la guerre des esclaves n'eût pas éclaté à de fréquents intervalles, et la puissance de l'individualisme eût aisément triomphé de ces maîtres du monde, que l'Usure et la Conquête rendirent tout puissants. Puis, le Nazaréen, venant en aide à l'humanité, aurait balayé, chassé, devant lui, comme le flot chasse l'épave, les restes de cette olygarchie qui étreignit le monde jusqu'à l'étouffer!...

Il est vrai que le luxe de la Rome des Césars était immense, étourdissant, ne connaissant pas plus de limites que les mille raffinements de ses vices. — Et quelle richesse universelle il enfantait ce luxe qui mettait le monde aux genoux de quelques hommes!... Rome entière y périt. Qu'importe?... Ne fallait-il pas que Lucullus pût faire servir à toute heure, dans le salon de Diane ou d'Apollon, ces festins splendides où se dévorait la substance de toute une province?...

O Gutenberg, noble ouvrier de la pensée, vous avez déchiré le nuage et fait cesser avant le temps ce partage inique : — Gloire à vous !...

Disons-le donc, et c'est par là qu'il faut finir cette appréciation d'une ère tout à fait nouvelle :

Aujourd'hui, et sous un régime de discussion qui par la presse touche à tout, — l'avénement de la forme républicaine est un fait considérable. Avec cette forme, toutes les conquêtes qui peuvent améliorer le sort de l'humanité sont possibles, tout progrès certain, devenu facile. — L'instrument, la formule sont trouvés : il ne s'agit que d'opérer.

Aussi, est-ce à éclairer le peuple, à moraliser les masses et à faire revenir notamment certains esprits de ce dogme étroit de l'individualisme qui abrutit et dessèche l'âme, que chacun doit s'attacher. Il faut que le progrès coûte le moins possible à la liberté de conscience. Pour cela, il convient par-dessus tout de rassurer celui qui possède, en montrant aux esprits les plus prévenus, les plus rebelles au nouveau principe que l'amélioration du sort du plus grand nombre est la seule, la meilleure garantie sociale. Là seulement, en effet, il y a *Sécurité* pour tous, — c'est-à-dire possession paisible, bien-être individuel, prospérité publique et privée.

Calmer l'impatience de ceux qui souffrent, et dont les souffrances remontent loin , se sont en quelque sorte transmises jusqu'à eux avec le sang comme un triste héritage ; disposer les autres à plus de justice par une saine exposition des principes démocratiques et de leurs résultats certains, tel est, sous le nouvel ordre de choses, le devoir des hommes intelligents qui aiment véritablement leur pays. Cette mission civilisatrice, c'est surtout à la presse qu'il appartient de la remplir. Par elle, les convictions se forment, le jugement s'éclaire, la vérité chemine et gagne insensiblement du terrain.

Ainsi, lorsqu'on remonte quelque peu en arrière, et que l'on rencontre sur la route cette époque de 89 d'où date notre émancipation politique, l'on est frappé de ce que promet d'améliorations, de bien-être, de stabilité aux générations futures ce long enchaînement de luttes intérieures, de travaux intellectuels qui part du xvie siècle, pour aboutir par le principe démocratique à la consécration des droits de l'homme. — Considérée à ce point de vue, la Révolution de 1848 est un fait, non seulement d'une immense portée, mais d'une fermeté, d'une consistance remarquables. — Aussi, de toutes parts, sans s'arrêter à des répugnances natives, les hommes véritablement intelligents ont-ils salué avec confiance cette République qui porte en elle-même sa force, parce qu'elle puise dans le passé sa raison d'être, sa *Légitimité*. Aussi, l'Europe, elle-même, est appelée à changer, à modifier profondément les bases de son droit public ; — ce sera la gloire de la France d'avoir provoqué, d'avoir amené, au XIXe siècle, cet immense résultat !...

Voilà comment la Révolution de 1848 est impérissable et forte ; voilà quels sont les gages de sa grandeur future, de sa stabilité !...

Un Provincial.

Paris, septembre 1848.

Imprimerie de Gustave GRATIOT, 14, rue de la Monnaie.